RÉPERTOIRE
DRAMATIQUE

DES AUTEURS CONTEMPORAINS.

N. 206.

Théâtre du Gymnase-Dramatique.

CHEZ UN GARÇON,

VAUDEVILLE EN UN ACTE.

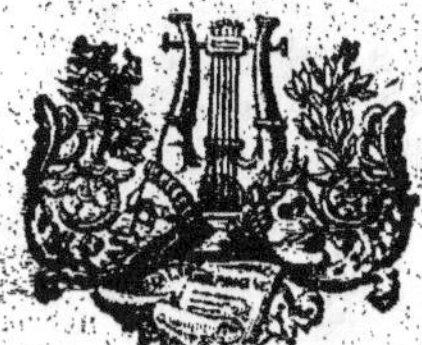

40 CENTIMES.

PARIS,

BECK, ÉDITEUR,

Rue du Cimetière-Saint-André-des-Arcs, 13, et rue Feydeau, 13.

TRESSE, successeur de J. N. BARBA, Palais-Royal.

1842.

N° 360

Théâtre du Gymnase-Dramatique.

CHEZ UN GARÇON,

VAUDEVILLE EN UN ACTE.

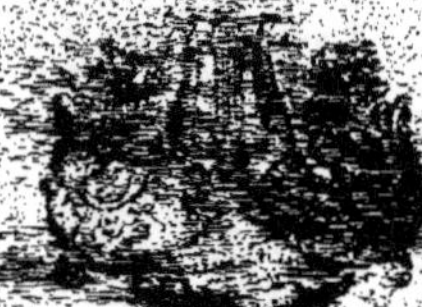

40 CENTIMES.

PARIS,
BECK, ÉDITEUR,
Rue de Grenelle-Saint-André-des-Arts, 12, et rue Perdue, 2?.
TRESSE, successeur de J. N. Barba, Palais-Royal.
1847

CHEZ UN GARÇON,

VAUDEVILLE EN UN ACTE,

PAR MM. BAYARD ET XAVIER,

Représenté pour la première fois, à Paris, sur le théâtre du Gymnase-Dramatique, le 10 mai 1842.

PERSONNAGES.	*ACTEURS.*
TIMOLÉON	M. Bouffé.
ANASTASIE..	Mlle Nathalie.

Le théâtre représente une chambre très modeste, avec une alcove fermée avec des portes dans la première partie. L'entrée au fond. Une fenêtre à gauche. Un petit buffet à côté de la porte, au fond. A droite, au deuxième plan, une porte cachée par une portière en tapisserie, avec une sonnette en dedans. Du même côté, au premier plan, une table devant la cheminée, sur laquelle est une glace véritable, avec des livres, des papiers et deux bougies. A gauche, un grand fauteuil couvert d'une chemise de toile. Sur le buffet, un buste de Socrate couvert d'une perruque.

SCÈNE I.

TIMOLÉON, seul.

(Au lever du rideau, il fait nuit. Le clair de lune éclaire légèrement la fenêtre. On entend quelques chants de carnaval dans la rue. Au milieu du bruit, on crie : *Adieu, Timoléon, adieu!* Timoléon répond. — Un coup de marteau fait retentir la maison, les chants continuent en s'éloignant, jusqu'à ce qu'une clé se fasse entendre dans la serrure de la chambre. Timoléon paraît tenant à la main un bougeoir. La scène s'éclaire.)

TIMOLÉON*, il entre avec colère, jetant son chapeau à gauche.

Ah! que c'est triste, la joie des autres!.. quand on a du chagrin!.. c'est vrai... Les chants des amis me rendaient malheureux! (Il allume les deux bougies.) Et à ce bal, donc! un bal superbe!.. à trois francs par tête... rien n'y manquait... un violon, une clarinette, un piston aigu et des rafraîchissemens de toute couleur; dix-huit quinquets, des gâteaux à volonté, des danseuses à discrétion, et trois lampions... tout ça pour un petit écu, vieux style! (Otant ses gants qu'il déchire.) Ils étaient tous d'une gaîté!.. mais moi, pas... Il me semblait que l'orchestre jouait faux, que les quinquets filaient, que les

gâteaux étaient à l'arsenic!.. Et quand ils m'ont forcé à danser... je sautais de colère, de désespoir. Je faisais des entrechats inusités dans l'état actuel de la civilisation... Je trouvais toutes les femmes laides, louches ou... Elle n'était pas là!

Air de Masaniello.

J'étouffais!.. à chaque danseuse
Je tenais les plus fous propos;
J'ai presque brisé ma valseuse,
J'ai dévoré tous les gâteaux!
C'était une rage, un délire!..
Si bien que je ne puis jurer
Si c'est l'chagrin qui m'faisait rire,
Ou l'plaisir qui m'faisait pleurer.

(En parlant il ôte ses gants et son habit.)

Où était-elle... elle à qui j'avais donné rendez-vous?.. mais elle me fuit, l'ingrate. Et pour qui?.. Où a-t-elle passé sa soirée?.. quand je l'attendais... quand pour lui plaire j'avais laissé là ce costume qu'on m'avait envoyé!.. J'ai voulu rester jeune pour elle. (Se levant et se rapprochant du public.) Anastasie! ô Anastasie! pourquoi refuses-tu de m'entendre?.. toi, la belle de mes nuits!.. l'ange de mes rêves! toi pour qui.. Oh! les femmes! (Changeant de ton.) Je vais souper. (Il ouvre l'armoire.) Les femmes!.. c'est gentil, je ne dis pas, mais... Voilà un reste de pâté qui m'embaume!.. Du côté de la sensibilité, l'homme est bien plus!.. Il n'y a pas de comparaison!.. C'est de la salade... je vais l'assaisonner. (Il pose le pâté et le saladier sur la table,

* Timoléon, dans cette première partie, doit être un amoureux comique, vif, étourdi et simplement habillé.

et va chercher l'huilier en parlant toujours.) Car
enfin, me voilà, moi, un joli garçon, pas be-
soin de me déguiser pour ça... (Il assaisonne la
salade.) Du vinaigre... Et puis, j'ai un état...
Bon! j'en ai trop mis. Je suis artiste graveur
sur bois! j'aime le travail!.. ajoutez à cela...
l'huile!.. ajoutez à cela... Ah! qu'est-ce que j'ai
fait?.. c'est encore du vinaigre!.. j'ai tout mis!..
ça va m'emporter la bouche... heureusement,
j'ai des confitures... (Il apporte sur la table un pot
à moutarde.) Voilà!.. Et puis du vin blanc... un
coup à sa santé!.. A tous mes repas... c'est de
rigueur. (Il prend un verre.) Ajoutez à cela un
appartement soigné, composé d'une chambre,
une armoire, un lit, trois chaises et une table;
ménage complet! Il n'y manque qu'une petite
femme!.. Dieu! si elle était là! (Il se verse à
boire.) Je la griserais!.. oh! non! (On entend du
bruit dans la rue. Il court ouvrir la fenêtre, le bruit
augmente.) Qu'est-ce que c'est? une dispute!..
non... quelqu'un qu'on attaque!.. quelqu'un à
défendre! à secourir! un cri de femme! (Il va
pour sortir, s'arrête.) Ah!

(Il vient à la table et boit le verre qu'il s'est versé,
et sort en courant au bruit qui augmente. L'orchestre joue jusqu'à son retour.)

∞∞∞∞∞∞∞∞∞∞∞∞∞∞∞∞∞∞∞∞∞∞∞∞∞∞∞∞∞∞∞∞

SCÈNE II.

PLUSIEURS VOIX en dehors, et celle de
TIMOLÉON.

PLUSIEURS VOIX.

C'est bien!.. nous vous connnaissons, beaux
masques!

UNE VOIX DE FEMME.

Ah! vous nous insultez!

UNE AUTRE VOIX DE FEMME.

Au secours! au voleur!

UNE VOIX D'HOMME.

Ce n'est pas vrai!

CHŒUR en dehors.

Air : Au milieu des orages.

Amis, faisons tapage!
Et d'étage en étage,
Réveillons par nos cris
Les bons bourgeois d'Paris!

PLUSIEURS VOIX.

Venez, suivez-nous!

LES VOIX DE FEMMES.

Au secours! Laissez-moi!

TIMOLÉON, au milieu du bruit.

Qu'est-ce que c'est? qu'est-ce qu'il y a?

UNE VOIX DE FEMME, avec un cri.

Ah! Monsieur!

PLUSIEURS VOIX.

Laissez-nous... c'est nos sœurs!

TIMOLÉON.

Insulter des femmes! Le premier qui approche,

L'AUTRE VOIX DE FEMME, s'éloignant.

Au secours! Ils m'enlèvent!

LES VOIX, riant.

Ah! ah! ah! quelle bêtise!

(On frappe à la porte d'en bas.)

TIMOLÉON, dans l'escalier.

N'ouvrez pas, père Benoît! n'ouvrez pas.

(On frappe encore.)

LES VOIX.

Ouvrez donc!.. Ah! ah! ah!

REPRISE DU CHŒUR en dehors.

Amis, faisons tapage!
Et d'étage en étage
Réveillons par nos cris
Les bons bourgeois d'Paris!

(Les cris cessent, et l'on entend les voix s'éloigner
en murmurant pendant le commencement de la
scène suivante.)

∞∞∞∞∞∞∞∞∞∞∞∞∞∞∞∞∞∞∞∞∞∞∞∞∞∞∞∞∞∞∞∞∞∞∞∞

SCÈNE III.

TIMOLÉON, ANASTASIE.

(Elle est en domino bleu et masquée.)

TIMOLÉON, la portant dans ses bras.

Mademoiselle... ou Madame... ne craignez
rien!.. Ils n'entreront pas... (Il la pose sur le
fauteuil, à gauche.) Ah! bon!.. évanouie!.. Me
voilà bien! une femme évanouie chez moi! (Bas,
et à part.) C'est peut-être une frime! on dit que
ça s'est vu quelquefois! Il y a des dames qui
ont l'air... et puis... (Lui frappant dans la main.)
Mamzelle... rassurez-vous! je suis un bon enfant!.. Et... rien!.. c'est tout de bon! Vite, de
l'air... mais, d'abord, son masque!.. Elle a une
taille avantageuse, un cou charmant, et si son
masque est doublé de même...

(Détachant le masque et la reconnaissant.)

Air du Piége.

Oui, je vais découvrir son front...
Oh! ciel! que vois-je! Anastasie!
Mon cœur bat... mes jambes s'en vont...
Et d'effroi mon âme est saisie!..
La voilà chez moi!.. près de moi!..
C'est le bonheur que d'une ardeur si vive
Je poursuivais!.. et... je ne sais pourquoi...
Mais je tremble quand il arrive!..

Mais, comment... Mamzelle!.. rue du Cherche-
Midi, à deux heures du matin!.. me direz-vous?..
Ah! que c'est bête! comme si elle pouvait me
répondre... (Allant à l'huilier.) Ah! du vinaigre!..
Il n'y en a plus! j'ai tout mis dans la... Oh!
c'est ça... (Il approche le saladier et le lui fait res-
pirer.) Elle revient!.. En voilà une salade anti-
spasmodique!.. Il n'y manque qu'un peu de sel
d'Angleterre...

ANASTASIE, les yeux fermés.

Laissez-moi!

TIMOLÉON.

Elle parle! Dieu!.. si j'osais... un baiser! ça
la ferait peut-être revenir tout-à-fait...

(Il se penche pour l'embrasser, au moment où elle
rouvre les yeux... Elle pousse un cri et se lève
vivement.)

ANASTASIE.

Ah! un homme!

TIMOLÉON.

N'avez pas peur. Mamzelle... Je ne veux pas vous faire de mal... c'est moi!

ANASTASIE.

Ciel! M. Timoléon!.. Où suis-je?

TIMOLÉON.

Chez moi!

ANASTASIE, *s'éloignant avec effroi.*

Chez vous! Oh! mon Dieu! Vous m'avez amenée?..

TIMOLÉON.

Dame! il le fallait bien, Mamzelle... puisqu'on vous attaquait... Je vous ai défendue. Je vous ai enlevée à vos assassins.

ANASTASIE.

Ils ne voulaient pas m'assassiner.

TIMOLÉON.

C'est possible!

ANASTASIE.

C'étaient des danseurs... qui nous poursuivaient avec des mots très lestes, auxquels je ne suis pas habituée, je vous prie de le croire. Mais vous devez bien le savoir, puisque vous en étiez...

TIMOLÉON, *allant à elle.*

Moi! seigneur Dieu!

ANASTASIE, *fuyant à droite* *.

N'approchez pas, Monsieur, laissez-moi sortir!

TIMOLÉON.

Non... pas avant de m'être justifié!

ANASTASIE.

Oh! je ne vous croirais pas... Vous qui, depuis huit jours ne cherchez qu'à me parler de l'amour que vous n'avez pas!

TIMOLÉON.

Mais si... mais si!.. Je ne pense qu'à vous! La nuit, le jour... toujours... J'en perds le boire et le manger!..

ANASTASIE, *montrant la table.*

Oui... voilà!..

TIMOLÉON.

Ah! J'allais souper... pour me conserver un peu... à votre intention!.. Mais dire que je vous ai poursuivie... moi!

ANASTASIE.

Et qui donc?..

Air de Julie.

Je ne connais que vous, j'espère,
De mauvais sujet!

TIMOLÉON.

— Ah! très bien!..
Mauvais sujet! je n'le suis guère...
Si je l'étais!..

(Mouvement d'Anastasie.)

Ne craignez rien!..
Je ne puis pas vous le paraître,
Et ça doit me compter, je crois...
Car voici la première fois
Qu'il m'en coûte de ne pas l'être.

* Timoléon, Anastasie.

ANASTASIE.

Monsieur!..

TIMOLÉON.

Je vous aime trop pour ça!.. Et puis, je venais de rentrer de ce bal où j'espérais vous trouver... J'étais là, à mettre mon couvert, en pensant à vous... quand j'ai entendu des cris!.. Une femme qu'on attaquait!.. j'ai volé à son secours... Je ne croyais pas être aussi heureux... J'ai attrapé deux coups de poing, que j'ai rendus avec les intérêts. Je vous ai arrachée à un grand scélérat qui vous enlevait déjà... comme votre compagne... Et je vous ai apportée, évanouie, et sans vous connaître, dans cette mansarde, où vous êtes chez vous... ou c'est tout comme... Et voilà!..

ANASTASIE.

Alors, je ne dis pas... Vous m'avez rendu service... je vous crois... et je m'en vas.

TIMOLÉON.

Oh! non, Mamzelle... Vous en aller... à cette heure de nuit... c'est trop tard, c'est-à-dire c'est trop tôt... Et puis, il y a beaucoup de voleurs.

ANASTASIE.

Dame! je n'ai rien.

TIMOLÉON.

On a toujours quelque chose... Tenez, asseyez-vous là, et soupez avec moi... en attendant le jour... Je vous invite. *(Lui offrant la main.)* Voulez-vous me permettre, Madame?

ANASTASIE, *s'éloignant.*

Par exemple!.. n'approchez pas!.. Passer la nuit, seule, chez un garçon, seul aussi!..

TIMOLÉON.

Mais, puisque vous serez la maîtresse! Je ne dirai rien!.. je ne ferai rien, que vous regarder, là, heureux et immobile, les mains dans mes poches... Et puis, si vous avez sommeil, après souper, eh bien! *(Lui montrant le fauteuil à gauche.)* Vous, ici... *(Montrant la droite.)* et moi, là! je fermerai les yeux... Je serai sage... sage comme l'enfant qui vient de naître... Vrai! parole!.. Vous tremblez?..

ANASTASIE.

Oui, rien que d'y penser, j'ai le frisson.

TIMOLÉON.

Ou plutôt, vous me mettrez à la porte, si vous voulez... Je me laisserai faire.

ANASTASIE.

Du tout... Je ne vous crois pas... Laissez-moi sortir.

TIMOLÉON.

Vous refusez de me croire!.. Et moi donc! Je suis bien bon enfant! Au fait! si je vous demandais pourquoi vous êtes dans la rue à deux heures du matin... seule... c'est-à-dire, non... C'est du gentil!

ANASTASIE.

M. Timoléon!

TIMOLÉON.

D'où veniez-vous?.. où alliez-vous?.. que faisiez-vous?.. Je veux le savoir.

ANASTASIE.

Ah! vous le prenez sur ce ton là! Eh bien! je ne vous le dirai pas, à vous... Je ne vous dois pas de compte, entendez-vous!

TIMOLÉON, se calmant.

Ne nous fâchons pas... Je ne vous le demande plus... J'ai confiance... mais pourquoi n'étiez-vous pas au bal de M. Chiffet, où je vous ai cherchée, toute la soirée, une glace à la main ?.. Il y en avait si peu... Je vous gardais celle-là, mais elle a eu le temps de fondre. Vous n'êtes pas venue... Pourquoi ?

ANASTASIE.

Parce que vous y étiez... et qu'on m'a dit de vous des choses...

TIMOLÉON.

Mais qui donc ? C'est une calomnie ! Parce que je vous aime, voyez-vous !.. parce que, pour vous plaire, pour mériter votre amour, je ferais... je ferais... Qu'est-ce que vous voulez que je fasse ?

ANASTASIE.

Mais, d'abord, Monsieur, laissez-moi sortir.

TIMOLÉON.

Pour aller... où ?.. où ?.. où ?

ANASTASIE.

Ah ! ça, je puis vous le dire... quand on m'a poursuivie, je venais justement dans cette maison... oh ! pas chez vous ! chez M. Lardemois... un homme d'âge... mon parrain... à ce qu'on dit... Je ne l'ai pas vu depuis mon baptême... le lendemain de ma naissance... Ainsi !..

TIMOLÉON.

Je le connais, moi... un vieux savant... tout barbouillé de tabac... Qu'est-ce que vous avez à faire à lui ?

ANASTASIE, essuyant ses larmes.

Je sais qu'il a chez lui, pour gouvernante, une femme d'âge qui m'a élevée, et, puisque je n'ai plus d'asile, j'allais lui en demander un... j'allais...

TIMOLÉON, ému aussi.

Mais, alors, pourquoi ne pas me donner la préférence ?

ANASTASIE.

Oh ! Monsieur !..

TIMOLÉON.

C'est juste... Le père Lardemois est un homme sûr... un vieux... J'aurais mieux aimé... mais vous faites de moi ce que vous voulez... Allez, Mamzelle.

(Il la laisse passer devant lui.)

ANASTASIE, à gauche, se disposant à sortir.*

Merci, M. Timoléon... Ce n'est pas que je me méfie, mais...

TIMOLÉON.

Mais vous avez peur ?.. Je ne vous retiens pas.... seulement, si vous vouliez me donner...

ANASTASIE.

Quoi donc ?

TIMOLÉON.

Eh bien ? ce que vous me refusez depuis si long-temps... ce que je pouvais prendre quand vous étiez là, les yeux fermés.

ANASTASIE.

Un baiser ?..

TIMOLÉON.

Pas d'amour !.. Mais pour ma peine... rien qu'un.

ANASTASIE.

Jamais... Dieu ! que dirait mon futur, s'il savait ça ?..

TIMOLÉON.

Votre futur ?

ANASTASIE.

Mais, oui, puisque je vais me marier.

TIMOLÉON.

Votre futur ?.. vous allez vous marier ?.. Et vous me dites ça, à moi !.. à moi !..

ANASTASIE, passant à droite.*

Ah ! mon Dieu ! qu'est-ce qui vous prend ?

TIMOLÉON.

Mais, c'est indigne !.. c'est d'un mauvais cœur !.. Quand je vous dis que je n'aime que vous au monde !.. Aussi, vous ne sortirez pas... non... vous resterez... ou je ferai quelque malheur !.. Ah ! un futur... Tant pis pour lui !

ANASTASIE.

M. Timoléon !

TIMOLÉON.

Vous marier !

ANASTASIE, courant à la fenêtre ouverte.**

Laissez-moi sortir, ou je me jette par la fenêtre !

TIMOLÉON.

Ça m'est égal... je m'y jetterai avec vous.

ANASTASIE.

Une fois, deux fois ?..

TIMOLÉON.

Allez... je vous suivrai.

ANASTASIE.

Deux fois ?

TIMOLÉON.

Allez toujours... je suis prêt !

ANASTASIE.

Deux fois ?

TIMOLÉON.

Bon ! voilà trois fois que vous le dites...

ANASTASIE, à la fenêtre.

Eh bien ! trois... (Changeant de ton.) Dieu ! que vous demeurez haut !

TIMOLÉON.

Cinq étages... sans compter le premier.

ANASTASIE.

C'est comme s'il y en avait six.

TIMOLÉON.

Et, si le cœur vous en dit, j'ai fait mon testament... nous mourrons ensemble.

ANASTASIE, fermant la fenêtre.

Toute réflexion faite... j'aime mieux rester... Je resterai.

TIMOLÉON.

Bien vrai ?..

ANASTASIE, regardant la porte.

Je souperai même avec vous.

TIMOLÉON.

A la bonne heure, donc ! c'est gentil, ça, c'est d'une bonne fille... Vous me direz qui vous

*Anastasie, Timoléon.

*Timoléon, Anastasie.
**Anastasie, Timoléon.

a mal parlé de moi... vous m'aimerez... vous n'épouserez pas l'autre.

ANASTASIE, toujours occupée de la porte.

C'est étonnant comme j'ai faim !

TIMOLÉON.

Oh ! de passer la nuit... ça creuse, n'est-ce pas ? Nous allons souper là, tous les deux... tête-à-tête... et puis, nous causerons mariage.

ANASTASIE, reculant vers la porte.

Oui... de loin.

TIMOLÉON, plaçant les chaises.

Oh ! ne craignez rien... Vous, ici... et moi, là... Je ne me rapprocherai que lorsque vous voudrez... au dessert... au vin blanc... Vous l'aimez ?..

ANASTASIE, retirant la clé de la porte sans qu'il s'en aperçoive.

Dame ! un peu !

TIMOLÉON, revenant à elle.

Oh ! c'est un petit vin bien gentil... Et, si vous ne voulez pas dormir... Eh bien ! nous danserons... (Il danse.) Tra la la la.., tra la la la la laire...

ANASTASIE.

C'est ça, nous danserons.

TIMOLÉON.

Oh ! que je suis joyeux !.. Tra la la... Allez donc, Mamzelle, à vous !

(Ils se croisent en dansant.)

ANASTASIE.

Oui, oui... tra la la la...

TIMOLÉON.

Ah ! je me sens en train... Mettez-vous là...

(Pendant qu'il place sa chaise, elle sort vivement et tire la porte sur elle.)

ANASTASIE.

Merci !

(La porte est refermée.)

TIMOLÉON.

Anastasie ! ah ! c'est une farce qui n'est pas gentille... (On entend fermer la porte à clé par Anastasie, qui éclate de rire.) Ah ! ah ! c'est traî-tre... vous me renfermez... Anastasie !.. il faut que je sorte !

ANASTASIE.

Il est trop tard... c'est-à-dire... il est trop tôt.

TIMOLÉON, avec colère.

Anastasie !..

ANASTASIE.

Oui, fâchez-vous, à présent !

TIMOLÉON.

Eh bien ! non... eh bien ! non... Rouvrez.

ANASTASIE.

Je veux bien... mais à une condition.

TIMOLÉON.

Quelle condition ?

ANASTASIE.

C'est que vous me direz où demeure mon par-rain... M. Lardemois.

TIMOLÉON.

Le père Lardemois ?.. (A part.) Oh ! quelle idée !.. (Haut.) Et vous m'ouvrirez ?

ANASTASIE.

Tout de suite.

TIMOLÉON.

Eh bien ! descendez l'escalier... et, en bas, tournez à droite... allez au fond de la cour... à gauche... prenez le petit escalier de service... et, au sixième... il y a une patte de lièvre à la porte.

ANASTASIE.

Une patte de lièvre ?.. Bien !

TIMOLÉON, frappant.

Et la porte ?.. la porte ?

ANASTASIE, en s'éloignant.

Mon parrain vous l'ouvrira...

SCÈNE IV.

TIMOLÉON, seul.

Anastasie !.. Mamzelle ! (Écoutant.) Plus rien ! Elle descend en riant... je m'y attendais un peu... Elle se moque de moi. (Tout en parlant il débarrasse la table et place tout dans l'armoire.) Ah ! elle me trouve trop jeune ! je suis un mau-vais sujet !.. Oui, parlons-en... Imbécille que je suis !.. toujours à distance !.. Eh vite ! (Tirant la portière qui cache la porte à gauche, ouvrant les por-tes de l'alcove, qui est garnie de rideaux en dedans et dont la porte de droite cache la porte d'entrée du fond.) Changeons, d'abord, la figure de ma cham-bre... Ah ! ma petite Anastasie, vous avez des secrets pour moi... vous avez peur de passer la nuit chez un garçon seul... de souper avec lui... et vous lui refusez un baiser que vous réservez peut-être à ce futur !.. Oh ! Dieu ! un futur ! Tant mieux ! (Transportant la table de droite à gauche.) Il viendra me demander raison... Je le... ou il me tuera !.. Oh ! (Poussant le fauteuil de gauche à droite et enlevant la chemise qui le couvre.) Déshabille-toi, mon bonhomme ! A ma toilette, maintenat !.. mais, d'abord, tirons le rideau. (Il tire et relève d'un côté le rideau de la fenêtre.) En voilà un changement à vue !.. A mon tour, changeons de plume... avant qu'elle soit descendue... qu'elle ait traversé la cour, remonté l'escalier de service (Montrant la porte de droite.) par ici... côté des bonnes fortunes... (Tout en parlant il se place devant la glace de la cheminée et commence à se grimer Tout doit être disposé pour cela sur la cheminée.) J'aurai le temps de mettre des rides à ma jeunesse... c'est peut-être difficile. Ah bah ! un artiste... Dieu ! que c'est noir ! (Il a un côté de sa figure grimé.) Premier quartier. L'hiver... et, par ici, le prin-temps. (Il se remet à la glace.) A bas le prin-temps !.. Elle m'a brouillé avec la jeunesse, avec les jeunesses. Pourquoi en épouse-t-elle un au-tre ? L'ingrate ! Ah ! c'est le cas d'essayer ma per-ruque de Cassandre. (Il prend la perruque qui est sur le buste de Socrate, qu'il place sur la chemi-née.) Elle va me donner l'air d'un vieux savant, d'un philosophe... Ça va. Oh ! que je suis laid ! Tant pis pour elle ! A présent, il s'agit de me cas-ser les jambes. Soyez donc bel homme pour vous disloquer comme ça !.. Voyons, que je me re-garde passer ! (Il marche en vieux.) Hum ! hum ! que faisiez-vous à deux heures ? (On sonne à la porte de droite.) Ciel ! c'est elle !.. Eh ! vite !..

Un air de désordre... chez un savant, c'est de
rigueur... Ici, des livres... des romans!.. Bah!
en leur tournant le dos... là... des paperasses...
(Il les place sur une chaise.) C'est savant!.. (On
entend sonner plus loin.) Bon! elle sonne en
face, chez M. Alfred... Ah bah! il n'y a pas de
danger... c'est un jeune homme très rangé, il ne
couche jamais chez lui. (Il éteint une bougie.)
Ah! elle revient... (Il ouvre la porte.) Et, maintenant... Ah! je l'aurai, l'explication!.. (Il se
jette dans l'alcove au moment où Anastasie sonne à
la porte. Un silence. Elle sonne plus fort.) Entrez!

(Elle entre en tremblant.)

SCÈNE V.

TIMOLÉON, ANASTASIE.

ANASTASIE.

Ah! mon Dieu! comme mon cœur bat... j'ai
peur... Personne... comme c'est noir!..
(Elle entend tousser dans l'alcove et recule avec
effroi.)
TIMOLÉON, dans l'alcove.
Qui est là ?

ANASTASIE.

M. Lardemois...

TIMOLÉON.

Air de la Servante justifiée.

Dieu! peut-on sonner,
Carillonner
De cette sorte?
C'est l' diable, je crol,
Qui vient chez moi
Briser ma porte!

(Parlant toujours dans l'alcove.)
Qu'est-ce qu'il y a?.. qu'est-ce qui a sonné?
ANASTASIE.
C'est moi.
TIMOLÉON.
Qui, vous?
ANASTASIE.
Moi, Anastasie Giblet.
TIMOLÉON.
Passez vot' chemin, je ne vous connais pas.
(Il sort de l'alcove.)

REPRISE DE L'ENSEMBLE.

TIMOLÉON.

Dieu! peut-on sonner,
Carillonner, etc.

ANASTASIE.

Il faut m' pardonner
Si j' viens sonner
De cette sorte;
Mais je meurs d'effroi,
Daignez pour moi,
Ouvrir la porte!

TIMOLÉON.

Sac à papier!

ANASTASIE.

Pardon... ne vous fâchez pas, je m'en vas...
TIMOLÉON, criant.
Non, non! (A part.) Ça n'est pas mon affaire.
(Haut, avec brusquerie.) Restez, restez donc!
(A cette seconde entrée, elle a ôté son domino, dont
elle a fait un paquet qu'elle porte sous son bras;
elle a un costume de grisette très coquet.)
ANASTASIE.
Excusez, si je viens vous... (Elle met le verrou.)
Oh! s'il s'échappait, l'autre...
TIMOLÉON.
Qu'est-ce que vous faites?.. qu'est-ce qu'il
vous faut?
ANASTASIE.
M. Lardemois, s'il vous plaî?
TIMOLÉON.
C'est moi, après ?
ANASTASIE.
Oh! si vous êtes seul, je m'en vas...
TIMOLÉON.
Eh! non... la mère Chopin, ma gouvernante,
dort à l'heure qu'il est... là, près de nous.
ANASTASIE.
Oh! alors...
TIMOLÉON, continuant à gronder.
Mais, que diable! on ne vient pas à une heure
aussi indue, chez un particulier endormi... Par-
lez donc.
ANASTASIE.
Voilà ce que...
TIMOLÉON.
Et une jeune fille encore... Parlez donc!
ANASTASIE.
Dame! je venais...
TIMOLÉON.
Vous veniez... vous avez tort... si vous n'avez
pas des raisons... Mais vous ne parlez pas.
ANASTASIE.
Dame! c'est que vous parlez toujours.
TIMOLÉON, prenant du tabac dans une boîte qu'il a
prise sur la table.
C'est que vous n'avez rien à dire, ma chère
amie! (A part.) Ah! la poivrière!
ANASTASIE, pleurant.
Mon Dieu! on m'avait dit que vous étiez si
bon... et je suis si malheureuse !
TIMOLÉON, se radoucissant.
Ah! c'est différent... Voyons, voyons... ne
tremblez donc pas comme ça. Donnez-moi votre
paquet.
ANASTASIE. *
Ne faites pas attention, mon parrain.
TIMOLÉON, après avoir posé le paquet.
Vous m'appelez votre parrain!.. vous m'ap-
pelez votre parrain! Vous êtes donc ma fil-
leule?
ANASTASIE.
Oui, mon parrain... Anastasie Giblet!
TIMOLÉON.
Ah bah! vous seriez la petite Anastasie Gi-
blet... la fille de la mère Giblet et du père...
ANASTASIE.
Giblet.

*Anasthasie, Timoléon.

TIMOLÉON.

Oui, par conséquent... du père Giblet! Pardine!.. ça coule de source... La petite Anasthasie, que j'ai tenue sur les fonts le lendemain de sa naissance... Il y a... quel âge avez-vous?

ANASTASIE.

Dix-huit ans, mon parrain.

TIMOLÉON.

Dix-huit ans, c'est ça... il y a dix-huit ans... Seigneur Dieu! comme ça va vite... Vous êtes bien grandie depuis ce temps-là... Je ne vous aurais pas reconnue. Ah! vous êtes la petite Anastasie, ma filleule, chère enfant! (A part.) Ah! je la tiens!..

ANASTASIE.

Voulez-vous me permettre de vous embrasser, mon parrain?

TIMOLÉON.

Avec plaisir!.. (Anastasie l'embrasse.) Et de l'autre côté?

ANASTASIE, l'embrassant.

Oh! oui, mon parrain.

TIMOLÉON.

Sac à papier! que ça fait de bien de retrouver sa filleule... son enfant... Vous trembliez encore, parce que je vous ai grondée... Dame! écoutez donc, j'ai travaillé à mon grand ouvrage... sur les aiguilles de Cléopâtre... je dormais, et vous m'avez réveillé en sursaut.

ANASTASIE.

Oh! c'est que j'avais peur... j'ai sonné un peu fort, peut-être... la patte m'est restée dans la main.

TIMOLÉON.

Ah! ma patte vous est restée dans la... C'est vrai, que vous avez carillonné... Oh! il n'y a pas de mal. Dieu! que vous avez froid... (Il lui baise les doigts.) Ces pauvres petites menottes sont gelées... Attendez, attendez, je vas vous faire du feu.

ANASTASIE.

Oh! ne vous donnez pas la peine.

TIMOLÉON.

Si fait, si fait!.. sac à papier!.. pour ma filleule!.. (La regardant tout en s'occupant de son feu.) Cher petit chou! c'est qu'elle est gentille tout plein! (Venant à elle.) Tenez, il faut que je vous embrasse aussi, moi...

(Il l'embrasse.)

ANASTASIE.

Mon Dieu! mon parrain, que vous êtes bon! vous ne m'avez pas oubliée, je le disais bien à ma tante.

TIMOLÉON.

Ah! votre tante, Mᵐᵉ Giblet!

ANASTASIE.

Mᵐᵉ Morisot.

TIMOLÉON.

Morisot! Ah! oui, oui... pardine! la Morisot... c'est votre mère qui était une Giblet... Les Giblet, les Morisot, ça se confond... Mᵐᵉ Morisot, c'est votre tante!

ANASTASIE.

Et ma marraine.

TIMOLÉON.

Ah! c'est ma foi vrai... oui, c'est ma commère.

ANASTASIE.

Certainement, puisque c'est à cause de ça, que vous vous êtes brouillés tous les deux.

TIMOLÉON, cherchant.

C'est à cause de ça...

ANASTASIE.

Vous vous rappelez...

TIMOLÉON, embarrassé.

Vous croyez que je me...

ANASTASIE.

Parce que vous ne lui aviez donné que des demi-boîtes...

TIMOLÉON, poussant un cri.

Ah! c'est juste... je me rappelle parfaitement; elle voulait des boîtes entières... j'ai donné des demi-boîtes... Elle était gourmande! Mais, écoutez donc, c'est ruineux un baptême... on m'a fait donner cent sous à la nourrice... cent sous au suisse, cent sous à la garde, sans compter le bedeau, les enfans de chœur... et c'est moi qui ai payé les fiacres, et les gants, et les boîtes de dragées... c'est-à-dire les demi-boîtes; mais je ne regrette rien... tu es si gentille... Ah! excusez, je vous ai tutoyée.

ANASTASIE.

Oh! il n'y a pas de mal... au contraire, mon parrain... Tutoyez-moi, tutoyez-moi toujours.

TIMOLÉON.

Ça vous fait plaisir que je te tutoie. Eh bien! je veux bien... eh bien! je veux bien!.. Mais, dis-moi donc, ma fille... pourquoi te trouves-tu si tard dans la rue? Ce costume un peu léger...

ANASTASIE.

Oh! ça, mon parrain, c'est une histoire que je puis vous dire, à vous...

TIMOLÉON.

Une histoire... j'y tiens.

ANASTASIE.

Air : Ange à la voix tendre.

Je vais sans mystère,
Tout vous dévoiler,
A mon second père,
J'oserai parler.
A travers la ville,
J'erre avec effroi;
Je cherche un asile,
Voulez-vous de moi?

TIMOLÉON.

Enfant, sois tranquille,
Je veux bien de toi.

Voyons, conte-moi ça, au coin du feu... As-tu soupé?

ANASTASIE.

Non... et j'ai bien faim!

TIMOLÉON, mettant la table.

Vrai... Sac à papier! comme ça se trouve... j'ai justement là un pâté et une salade, surtout... (A part.) Ah! tu le mangeras, mon souper.

(Il met le couvert et rapporte sur la table tout ce qu'il y a mis à la scène troisième.)

ANASTASIE.

Il faut réveiller votre gouvernante.

TIMOLÉON.

La mère Chopin ! ah ben ! oui ! une marmotte, ma chère !..

ANASTASIE.

Alors, je vais vous aider, mon parrain. Donnez-moi cette assiette !

TIMOLÉON.

Ne prends donc pas la peine... (Il laisse tomber l'assiette.) Bon !

ANASTASIE.

Ah ! mon Dieu !

TIMOLÉON.

Sac à papier ! je croyais que tu la prenais. (Ils se baissent tous les deux pour ramasser les morceaux.)

ANASTASIE.

Mais non... c'est vous qui la teniez...

TIMOLÉON.

Oh ! il n'y a pas de mal... J'en ai encore deux ! allons, mets-toi là... (Il lui montre la chaise sur laquelle sont les paperasses, et quand elle va s'asseoir, il pousse un cri.) Ah !.. prends garde !.. tu vas t'asseoir sur mes aiguilles !..

ANASTASIE, effrayée et passant de l'autre côté de la table.

Ah ! il y a des aiguilles sur cette chaise ?

TIMOLÉON, enlevant les papiers.

C'est mon grand travail... sur les aiguilles de Cléopâtre... Tu ne connais pas les aiguilles de Cléopâtre ?.. (Riant.) Ah ! tu crois peut-être que c'était une lingère ou une tricoteuse, Cléopâtre... Ah ! ah ! ah ! je te ferai lire ça... Je prouve, là-dedans, que la plus petite des aiguilles de Cléopâtre était de seize mètres cinquante-trois centimètres plus haute que l'obélisque de Louqsor... Ce sera très intéressant... Voyons, voyons, maintenant conte-moi ton histoire en soupant... (Poussant un cri.) Ah ! (Anastasie qui allait pour s'asseoir à gauche se relève avec effroi; il va à l'armoire et rapporte le petit pot à moutarde.) Tiens, mon enfant, tiens.

ANASTASIE.

Merci, mon parrain... je n'aime pas la moutarde !

TIMOLÉON, riant.

Hein ?.. Mais ce n'est pas de la moutarde... ce sont des confitures... C'est à cause du pot que tu as cru... qu'elle est drôle ! (Il l'embrasse au front.) Mon Dieu ! qu'elle est drôle !

ANASTASIE, assise et soupant.

Et que vous êtes gentil, vous, mon parrain... je vous aime, voyez-vous... je sens que je vous aime...

TIMOLÉON, de même.

Et moi donc !.. Ah ! ça, nous étions dans la rue à deux heures du matin...

ANASTASIE.

Oh ! ce n'est pas ma faute... jugez-en vous même, mon parrain... J'étais invitée à un bal costumé et masqué... un bal par souscription, très bien composé... chez M. Chiffet... un maître de danse !

TIMOLÉON.

Je connais.

ANASTASIE.

Ah !

TIMOLÉON.

Va donc toujours.

ANASTASIE.

Ma tante me l'avait permis... mais à condition que je serais rentrée à minuit... Elle est très sévère, ma tante.

TIMOLÉON.

Une vieille bégueule ! (Se reprenant.) Elle est méchante... comme ma femme.

ANASTASIE.

Votre femme !.. comment va-t-elle, mon parrain ?

TIMOLÉON.

Pas mal... elle est morte !.. Après, ta tante, la Morisot, a permis... Mais tu n'y es pas allée, chez M. Chiffet...

ANASTASIE.

Si fait, mon parrain...

TIMOLÉON, à part.

Oh ! la menteuse !

ANASTASIE.

C'est-à-dire, je suis sortie pour y aller avec une de mes amies... Suzanne...

TIMOLÉON, s'oubliant.

La grande ? (Elle le regarde; il prend la bouteille, changeant de ton.) Si tu buvais ?

ANASTASIE.

Merci ! je ne bois que de l'eau... Mais en route, j'ai changé d'avis... parce qu'il devait y avoir là quelqu'un...

TIMOLÉON, inquiet.

Quelqu'un ?.. Qui donc ?..

ANASTASIE.

Un jeune homme très dangereux... un mauvais sujet... qui aime toutes les femmes... et qui ne les respecte pas...

TIMOLÉON, lui baisant la main avec bonté.

Ah ! il ne les respecte pas...

ANASTASIE.

Il cherchait à me tromper comme les autres.

TIMOLÉON.

Et tu le nommes ?..

ANASTASIE.

M. Timoléon !..

TIMOLÉON, s'oubliant.

Hein ?.. (Elle le regarde.) Veux-tu de la salade ?

ANASTASIE.

Je veux bien, mon parrain.

TIMOLÉON, la servant.

Timoléon !.. sac à papier !.. je connais ça, un artiste en bois... un petit graveur qui demeure dans cette maison !

ANASTASIE.

Juste, mon parrain...

TIMOLÉON.

Il est gentil !.. Ah ! c'est un mauvais sujet !

ANASTASIE, mangeant de la salade.

Ah ! pouah !.. Ah ! Seigneur Dieu !..

TIMOLÉON.

Quoi donc ? Qu'est-ce que tu as ?..

ANASTASIE.

C'est votre salade... Elle emporte la bouche !

TIMOLÉON.

Tiens ! tiens ! tiens !.. J'y aurai mis trop de vinaigre... Bois-moi ça, bien vite... (Il lui verse un verre de vin, qu'elle prend sans regarder, et

qu'elle boit entièrement.) J'y aurai mis trop de ⚙
vinaigre.

ANASTASIE, après avoir bu, se levant.

Ah! mon Dieu! que c'est fort!.. Qu'est-ce
que j'ai bu là?.. Du vin!..

(Elle passe à droite.)

TIMOLÉON, toujours assis.

Du vin!.. Oui, ma foi! c'est du vin pur!..

ANASTASIE. *

Moi, qui n'en bois jamais!

TIMOLÉON.

Ah bah! c'est passé, n'en parlons plus...

ANASTASIE, s'asseyant sur le fauteuil.

Air de l'Apothicaire.

Moi, mon parrain... jugez un peu!..
Qui ne bois que de l'eau rosée,
Je suis tout éblouie!..

TIMOLÉON, se levant.

Ah! Dieu!..

(A part.)

Nous voilà bien!.. Je l'ai grisée!..

ANASTASIE, s'asseyant.

Un rien suffit pour m'étourdir.

TIMOLÉON, à part.

Ciel! que faut-il que je devienne,
Si sa raison s'en va partir...
Quand je crains de perdre la mienne!..

(S'approchant avec inquiétude.) Tu dis donc que
ce jeune Timoléon, qui ne respecte pas les
femmes, t'attendait là-bas... chez M. Chiffet?..

ANASTASIE, plus vivement la suite de la scène.

Oui... Et alors, comme Suzanne, ma compagne, me faisait peur de lui, en me disant que
c'était un fainéant, un libertin, un débauché...
un coureur d'estaminets... un...

TIMOLEON.

Assez! assez!.. Ah! c'est Suzanne qui t'a
dit... (A part.) Grande vipère!.. Sa lettre!..
(Haut.) Alors, tu n'y es pas allée, au bal, chez
M. Chiffet?..

ANASTASIE, se levant.

Non, mon parrain... Suzanne m'a conduite
chez une de ses amies... où l'on dansait aussi.

TIMOLÉON, inquiet.

Mais, s'il y avait là des mauvais sujets, comme
l'autre?..

ANASTASIE.

Non... il n'y avait que des demoiselles... C'é-
tait comme une Sainte-Catherine!

TIMOLÉON, rassuré.

Vrai?.. Pauvre petite chatte!

ANASTASIE.

Ce n'était pas amusant du tout... Mais on disait toujours que ça allait commencer, et j'ai at-
tendu si long-temps que, lorsque je suis partie,
il était plus d'une heure... J'ai eu beau frap-
per, ma tante ne m'a pas ouvert... Je crois
qu'elle n'a pas voulu... Et notre portier demeure, comme vous, mon parrain, au sixième
étage!

* Timoléon, Anastasie.

TIMOLÉON.

C'est un peu gênant pour tirer le cordon au
rez-de-chaussée!

ANASTASIE.

Notre fiacre était parti... Je ne savais plus
que devenir, quand je me suis rappelé tout le
bien qu'on avait dit de vous, mon parrain... et
je venais vous demander un asile... toujours
avec Suzanne... mais des messieurs, qui l'ont reconnue...

TIMOLÉON.

Elle connaît beaucoup de messieurs.

ANASTASIE.

Ont voulu nous arrêter... J'ai crié... On est
venu à notre secours... lui, M. Timoléon!

TIMOLÉON.

Ah! le petit! il s'est trouvé là... Tiens, tiens,
tiens!

ANASTASIE.

Suzanne a été enlevée...

TIMOLÉON.

Ah! elle a trouvé un asile!

ANASTASIE.

Et M. Timoléon m'a portée à moitié morte
chez lui... d'où je me suis échappée malgré
lui... et voilà, mon parrain, comme je me suis
trouvée dans la rue à deux heures du matin!

TIMOLÉON.

Voilà tout! Et tu n'as rien passé?

ANASTASIE.

Rien, mon parrain.

TIMOLÉON.

En ce cas, tu es une bonne fille... Me voilà
rassuré, et je suis bien aise qu'il n'y ait pas autre chose!.. Ah! c'est ce petit gueux de Timoléon qui t'a sauvée!.. Un libertin, à ce que dit
Mlle Suzanne... Elle sait donc...

ANASTASIE.

Pas elle... ah! Dieu!.. mais une de ses
amies...

TIMOLÉON.

Ah! dont il est amoureux!

ANASTASIE.

Vous croyez?

TIMOLÉON.

J'en suis sûr... Il vient quelquefois me voir...
et il me parle de ses amours pour une jeune
fille dont il est fou!

ANASTASIE.

Là, vous voyez bien!

TIMOLÉON.

Une jeune fille superbe... qui a des yeux...
ah! quels yeux!..

ANASTASIE, à part.

Le perfide!

TIMOLÉON.

Hein?.. ça te fait quelque chose?

ANASTASIE, avec émotion.

Non, mon parrain...

TIMOLÉON.

Si fait! si fait! ça te fait quelque chose!

ANASTASIE, pleurant.

Mais non...

TIMOLÉON.

Tu es émue.

ANASTASIE.

Dame! écoutez donc, mon parrain, un jeune
⚙ homme qui vous fait une déclaration et qui en

aime une autre... Aussi, je le déteste!.. Un garçon qui a tous les défauts.. D'abord, il n'a pas le sou!

TIMOLÉON.

C'est vrai! Et tu aimes l'argent?

ANASTASIE, avec colère.

Je n'aime que ça!

TIMOLÉON.

Ah! c'est donc un richard que tu vas épouser?.. car on m'a dit...

ANASTASIE.

C'est manqué, mon parrain.

TIMOLÉON.

Ah bah! ton mariage...

ANASTASIE.

Oui, voilà mon anneau qu'il m'a renvoyé... J'ai refusé, parce qu'alors j'en aimais un autre... et c'est pour le faire enrager, cet autre... que je parle toujours de ce mariage.

TIMOLÉON, très vivement.

Vrai?.. Tu fais bien!

(Elle le regarde. Il se remet.)

ANASTASIE.

Ah! mon Dieu! mon parrain, qu'avez-vous donc?

TIMOLÉON, chancelant et tombant sur une chaise.

Rien! rien! ce sont mes pauvres jambes... Va toujours!

ANASTASIE.

Et maintenant, pour lui prouver, à M. Timoléon, que je le hais, que je ne veux pas être sa femme, trouvez-moi un mari, mon parrain, et je l'épouse tout de suite.

TIMOLÉON.

Un mari quelconque?

ANASTASIE.

Quelconque... et riche.

TIMOLÉON.

Bah! s'il était laid?..

ANASTASIE.

Ça m'est égal!..

TIMOLÉON.

S'il était vieux?..

ANASTASIE.

Ça m'est égal!..

TIMOLÉON, se levant.

Si c'était moi?..

ANASTASIE.

Vous?.. Ça m'est égal!... Autant vous qu'un autre!

TIMOLÉON.

Je te remercie de la préférence.

Air : Muse des bois.

Mais, qu'as-tu donc, mon enfant? ta main tremble,
En soupirant, tu baisses tes beaux yeux.

ANASTASIE.

Ah! mon parrain!

TIMOLÉON.

Et, pourtant, il me semble

Que le bonheur doit me rendre moins vieux.
On rajeunit quand on aime!.. Et que sais-je?..
Je sens déjà, malgré mes cheveux blancs,
Qu'il est des fleurs qui percent sous la neige,

(Se rapprochant d'elle et lui prenant le bras.)

Lorsque l'hiver est si près du printemps.

ANASTASIE, le caressant.

Ah! vous êtes si bon, si aimable pour moi, que, tenez, si vous ne demeuriez pas si haut...

TIMOLÉON.

Je descendrai d'un étage!..

ANASTASIE.

Si vous aviez un mobilier...

TIMOLÉON.

Je t'en donnerai un autre... Tu seras dans l'acajou... heureuse comme une femme de notaire... Tu seras la maîtresse, tu feras ce que tu voudras... tout ce que tu voudras.

ANASTASIE, riant.

Alors, c'est moi qui ferai la salade.

TIMOLÉON, la prenant dans ses bras et riant.

Oui, tout!.. Et quelle noce! quel bal!.. Nous l'ouvrirons ensemble! Je rajeunirai pour toi!.. Je te ferai sauter... (Il s'oublie et saute, et voyant qu'elle le regarde.) c'est-à-dire, je ne danserai pas... je ne suis plus au courant; mais je te regarderai danser... car, toi, tu dois danser comme un ange?

ANASTASIE.

Mais, pas mal, mon parrain.

TIMOLÉON.

Voyons, voyons, montre-moi ça... ce sera une leçon... Je t'en prie... Et la, la, la...

ANASTASIE.

Dame! si vous le voulez absolument...

(Elle danse en chantant sur l'air indiqué à la fin de la scène troisième.)

TIMOLÉON.

Pas mal... Tiens! c'est un joli air!.. Va donc toujours!.. Dieu! que c'est gentil!.. Ah! c'est peut-être ça que vous appelez le... la cachucha, et que nous appelions la queue du chat, tout bonnement!.. Et la, la, la... (Il danse en vieux.) Mais c'est bien plus drôle... il n'y a pas de comparaison... Tra la, la, la...

ANASTASIE.

Mais, allez donc, mon parrain... Vous y êtes! Et le galop!..

(Elle le fait galoper.)

TIMOLÉON, se laissant entraîner.

Ah! il y a un galop... Mais prends donc garde! tu vas me casser!.. (Se penchant en arrière.) Comme ça!..

ANASTASIE.

Non, en avant!..

(Elle le quitte tout essoufflé.)

TIMOLÉON, toujours en mouvement.

Voilà! voilà! Sac à papier! tu m'as rajeuni!..

Je t'épouse, c'est convenu! Je suis tout prêt... ⸎
Et pour commencer, je vais écrire à ton M.
Timoléon que je lui défends de rôder autour
de toi...

ANASTASIE.

Vous ferez bien !

TIMOLÉON.

Que tu es ma femme.

ANASTASIE.

Oui, oui, votre femme.

TIMOLÉON.

Que tu le détestes... Hein? tu le...

ANASTASIE.

Oui, je le déteste.

TIMOLÉON, l'embrassant.

Cher ange, va! (A part, en allant écrire.) Elle
m'en a refusé un, j'en ai pris cinq. (Revenant
sur ses pas.) Bah! la demi-douzaine.

(Il l'embrasse encore.)

ANASTASIE, surprise.

Mon parrain !

TIMOLÉON.

Dame! tu es ma femme!.. hé! hé! hé!

(Il prend l'encrier sur le buffet et vient écrire sur le
coin de la table.)

ANASTASIE, à part.

Tant pis... Il en aime une autre... J'épouse-
rai mon parrain. (Le regardant.) Il n'est pas trop
laid !..

TIMOLÉON, à part.

Elle me regarde !

ANASTASIE, soupirant.

Il est bien vieux !.. C'est triste, la chambre
d'un savant ! (S'approchant de la cheminée.) Des
livres... (Regardant le buste.) Ah! qu'est-ce que
c'est que ça?

TIMOLÉON.

Ça ? mon enfant... c'est le buste de Socrate.

ANASTASIE.

Connais pas.

TIMOLÉON.

Le philosophe Socrate.

ANASTASIE.

Oh! le vilain nez!

TIMOLÉON.

Un nez retroussé! Voilà, ma chère amie,
dans ce temps-là, c'étaient les philosophes qui
portaient des nez retroussés... aujourd'hui, ce
sont les grisettes.

ANASTASIE.

Oh! comme tout change!

TIMOLÉON.

Encore une révolution ! (Il plie sa lettre et tire
de sa poche une autre lettre qu'il glisse dedans.)
Celle-ci... (Haut.) Là, ma lettre est écrite... Je
vas la porter moi-même... (Cherchant autour de
lui, à part.) Il n'y a pas une pierre par ici?..
Oh! la poivrière !..

ANASTASIE.

Je vas ranger, mon parrain.

TIMOLÉON.

Air du Chapitre second.

Adieu donc, mon ange,
Va, range, dérange,
Tu règnes ici.
A notre jeune homme,
Ma lettre apprend comme
On prend son partti.

(L'orchestre continue l'air. En se retournant, il jette
la poivrière dans la croisée et casse un carreau.)

ANASTASIE, effrayée.

Ah! mon Dieu!

TIMOLÉON, de même, jetant par terre la lettre qu'il
vient de plier.

Sac à papier !

ANASTASIE.

On a cassé un carreau !

TIMOLÉON.

On a jeté quelque chose... une pierre !.. (Ra-
massant la lettre.) Non, ma foi! c'est un billet...
Tenez, tenez...

ANASTASIE.

Un billet !

TIMOLÉON.

Qui est-ce qui peut se permettre?.. Pour
Mlle Anastasie!

ANASTASIE.

Pour moi? Lisez, mon parrain.

TIMOLÉON, la lui tendant.

Oh! non... J'ai confiance.

REPRISE ENSEMBLE DE L'AIR.

Adieu, ma mignonne.
Lis, réponds, ordonne,
Tu règnes ici.
Confiance extrême,
C'est là, pour qu'on l'aime,
Le lot d'un mari !
Oui, d'un bon mari !
D'un bon petit mari !..

ANASTASIE.

Que son âme est bonne !
C'est lui qui m'ordonne
D'en agir ainsi !
Oh Dieu ! comme il m'aime !
J'entends bien de même
Aimer mon mari !
Oui, mon bon mari!
Mon bon petit mari !

(L'orchestre continue juqu'à sa sortie.)

TIMOLÉON, lui pinçant le menton en sortant.

Hé! hé! hé! nous danserons, nous saute-
rons... hé! hé! hé !

(Il sort en dansant encore.)

SCÈNE VI.

ANASTASIE, seule.

Un billet pour moi !.. Et de qui ? (Ouvrant.) Ah ! c'est de lui ! Timoléon !.. Certainement, je ne le lirai pas ! (Trouvant l'autre lettre.) Tiens ! un autre papier ! (Lisant.) « Vilain monstre, je »sais ce qui vous empêche de correspondre à »mon sentiment. Je connais celle que vous aimez... c'est Anastasie ! » (S'arrêtant.) Ah !.. (Regardant l'adresse.) « A M. Timoléon ! » (Lisant.) « Mais elle vous détestera pour me venger... » O ciel ! c'est Suzanne !.. Suzanne ! Mais qu'est-ce qu'il peut me dire, lui ?.. (Lisant.) » Made-»moiselle, je vous aime comme un fou, comme »un insensé !.. Si je vous perds, j'en mourrai... »Mais, du moins, vous saurez que j'étais digne »de votre amour, et que tout ce qu'on vous a »dit contre moi était une vengeance... (S'arrêtant.) Il se pourrait ?.. (Elle lit.) « Parce que je ne »voulais aimer que vous... » (Avec émotion.) Ah ! bon jeune homme !.. (Continuant.) « Adieu, Ma-»demoiselle, pensez quelquefois au pauvre Ti-»moléon, que vous ne verrez plus... » (Avec effroi.) Ah ! mon Dieu !..

SCÈNE VII.

ANASTASIE, TIMOLÉON.

TIMOLÉON, avec colère.

Drôle ! polisson ! impertinent !

ANASTASIE, courant à lui.

Ah ! mon parrain ! mon parrain !

TIMOLÉON.

Hein ? qu'est-ce que c'est ? qu'est-ce que tu as ?..

ANASTASIE.

Vous l'avez vu ?

TIMOLÉON.

L'artiste en bois ?.. Oui... un petit infâme !.. C'est lui qui a cassé mon carreau... Il le paiera, mon carreau... Et il t'a écrit !.. Tu n'as pas lu ?..

ANASTASIE, cachant la lettre.

Non, mon parrain, non... Et, il se porte bien ?

TIMOLÉON.

Parbleu !.. Il pleure, il s'arrache les cheveux ! Il a voulu me battre !..

ANASTASIE.

Pauvre jeune homme !..

TIMOLÉON.

Il dit qu'il t'adore... qu'il veut mourir...

ANASTASIE, pleurant.

Oh ! oui... comme dans sa lettre !

TIMOLÉON.

Ah ! tu as donc lu ?.. (Elle baisse les yeux.) Bah ! il n'y a pas de mal... Tu n'en crois rien ?

ANASTASIE.

Si fait !.. C'est-à-dire, mon parrain... vous ne savez pas ?.. c'est Suzanne... la grande Suzanne, qui s'est laissé enlever.

TIMOLÉON.

Ah ! oui... celle-qui a trouvé un asile...

ANASTASIE.

Elle l'aimait... Et c'est par jalousie... par envie, qu'elle m'en disait tant de mal !..

TIMOLÉON.

Pour te le souffler !.. Ça se fait entre amies intimes... Je te souffle le tien, tu me souffles le mien... Partie et revanche.

ANASTASIE.

Mais il ne l'aime pas !..

TIMOLÉON.

Je crois bien, puisqu'il en aime une autre !

ANASTASIE.

C'est juste !.. il vous l'a dit... J'oubliais.

TIMOLÉON.

Parbleu !.. Une petite ouvrière... chez une grosse lingère... au coin du carrefour Bussy.

ANASTASIE.

Ah ! mon Dieu !.. Mais c'est moi, mon parrain.

TIMOLÉON.

Toi !.. Ah bah !.. bah ! bah ! toi ! cette petite ouvrière, si jolie ! qu'il aime tant !..

ANASTASIE.

C'est moi !..

TIMOLÉON.

Sac à papier !.. Mais il est très dangereux, ce garçon-là... Je déménage dès que nous serons mariés.

ANASTASIE.

Ah ! nous nous marions toujours ?..

TIMOLÉON.

Toujours !.. J'ai ta parole... tu as ma parole, c'est fait !.. Et puis, écoute donc... une jeunesse qui a passé la nuit avec moi... qui a soupé avec moi... qui a dansé avec moi... qui m'a embrassé... Me voilà compromis... Et toi-même, hé ! eh ! hé !.. Mais, quand tu l'aimerais, je ne crains rien... Il n'a pas le sou !..

ANASTASIE.

C'es vrai !..

TIMOLÉON.

Ah ! et puis l'amour passe si vite !.. Et, quand on est vertueuse, on résiste !..

ANASTASIE.

Dame ! je tâcherai... mais je ne peux pas répondre...

TIMOLÉON, courant à la porte, qu'il ouvre.

Chut ! je l'entends.

ANASTASIE.

C'est lui !

TIMOLÉON, approchant le fauteuil.

Chut !.. Assieds-toi là... ne bouge pas... ne regarde pas... Une pareille émotion... il croirait des choses !..

ANASTASIE, s'asseyant.

Je ne regarde pas, mon parrain.

TIMOLÉON, élevant la voix avec colère.

Qu'est-ce que c'est, Monsieur? qu'est-ce que vous voulez?.. Est-ce qu'on entre ainsi chez les gens comme sur une place d'armes? sac à papier!..

(Il passe près de la porte.)

ANASTASIE, sans se retourner.

Ne grondez pas si fort!..

TIMOLÉON, voix jeune.

Permettez... Mlle Anastasie doit m'entendre... Elle peut ne pas m'aimer comme je l'aime... mais me haïr!..

ANASTASIE, allant pour se retourner.

Ah! non, Monsieur... mais...

TIMOLÉON, vieux, se rapprochant vivement à gauche.

Ne réponds pas... (Élevant la voix.) Mlle Anastasie est ma femme, Monsieur... parce que je suis riche...

(Il passe de l'autre côté.)

ANASTASIE, vivement.

Oh! je n'y tiens pas!.. Mais...

TIMOLÉON, voix jeune, et avec chaleur.

Riche! je le serai... Oui, mon amour me donnera du courage!.. Je suis artiste, j'aime le travail... et, pour la rendre heureuse, rien ne me coûtera!.. Mais la perdre, c'est mourir!..

ANASTASIE, allant pour le regarder.

Oh! pauvre jeune homme!.. Je...

TIMOLÉON, vieux, revenant au fauteuil.

Chut! donc.... n'aie pas l'air.... (Élevant la voix pendant qu'elle essuie ses larmes. — Musique à l'orchestre.) Anastasie est libre, Monsieur... (Il ôte sa perruque, et la met sur la bouteille.) Oui, libre!.. Et la preuve, c'est que... elle a une bague... une bague, qu'elle peut donner comme gage de son amour... (Il jette son habit de vieux sur la chaise, près de la table, devant la bouteille.) à celui qu'elle préfère... (Anastasie regarde son anneau, qu'elle tire de son doigt.) C'est moi, n'est-ce pas, ma mignonne?..

ANASTASIE, baissant les yeux.

Mon parrain... Dame! il faut bien!..

TIMOLÉON, redevenu jeune, et tombant à genoux de l'autre côté du fauteuil.

Anastasie! oh! non, c'est moi... moi!.. Tu crois à mes sermens, à mon amour!.. Et, à moins que sa fortune seule ne t'ait séduite!..

ANASTASIE, lui abandonnant sa main.

Oh! jamais! jamais!..

TIMOLÉON.

Cette bague...

(Il la prend.)

ANASTASIE.

Ciel!.. (Se retournant de l'autre côté.) Grace! mon parrain!.. Eh! mais... où est-il donc?

(Elle se lève.)

TIMOLÉON, montrant la perruque.

Le voici!..

ANASTASIE, respirant à peine.

Quoi! mon parrain... ce n'était pas...

TIMOLÉON, prenant la voix de vieux.

Ah! vous êtes la petite Anastasie Giblet... Je danserai à ma noce... hé! hé! hé!..

ANASTASIE.

Quoi! vrai?.. cette chambre?.. (Courant d'une porte à l'autre.) Oui, oui, je devine... vous me trompiez... rien n'était vrai!..

TIMOLÉON.

Rien que mon amour!.. Veux-tu ta bague?

ANASTASIE, courant se jeter dans ses bras.

Oh! non, non... A toi! à toi!..

ENSEMBLE.

Air : Plaisirs de notre enfance.

Quel bonheur! quelle ivresse!
Ah! comme les beaux jours,
Plaisir, amour, jeunesse,
Revenez-nous toujours?

ANASTASIE.

Ah! menez-moi chez mon parrain, bien vite!

TIMOLÉON, courant prendre son chapeau dans l'alcove.

Oui... il fait jour, allons le trouver.

ANASTASIE, prenant son paquet.

Il saura tout!..

TIMOLÉON, lui donnant le bras.

Oui... J'ai quelque chose à lui demander.

ENSEMBLE.

Partons...

(Ils remontent, comme pour sortir; tout-à-coup, ils s'arrêtent, et se retournent brusquement vers le public.)

ANASTASIE.

Eh bien?..

TIMOLÉON, ôtant son chapeau.

Eh bien! nous y sommes...

ANASTASIE.

Mon parrain!..

TIMOLÉON, montrant le public.

Le voilà!..

ANASTASIE.

Ah! le cœur me bat!..

TIMOLÉON.

Allons, du courage!.. C'est un brave homme!

(Ils descendent avec embarras, et les yeux baissés; arrivés près de la rampe :)

Air nouveau de M. Hormille.

ANASTASIE.

Mon cher parrain, je viens près de vous...
Fille honnête et sage!..

TIMOLÉON.

Son cher parrain, soyez bon pour nous...
C'est assez l'usage!..
Si ça vous va,
D'vant m'sieur l' maire elle m'épous'ra...
Pour long-temps, permettez-nous, là,
D'être heureux en ménage!..

(Sur la musique, qui continue à l'orchestre.)

TIMOLÉON, se penchant vers le public.
Plaît-il?... Si je la rendrai heureuse?.. (Roulant son chapeau en souriant.) Dame!.. je tâcherai... j'espère...

ANASTASIE, écoutant du côté du public.
Une dot!.. Ah! voilà, mon parrain... Une dot!.. je n'en ai pas.

TIMOLÉON.
Oh! si votre parrain voulait, Mamzelle... il est en fonds pour vous en faire une.

ANASTASIE.
C'est vrai, mon parrain.... c'est dans vos mains.

REPRISE ENSEMBLE.

Oui, son/mon parrain, cela dépend de vous !

Oui, son/mon parrain, soyez bon pour nous !..
Ça nous encourage !..
Si ça vous va,
Notre bonheur de vous seul dépendra ,
Et chacun d' nous vous bénira
Dans notr' petit ménage !..

FIN.

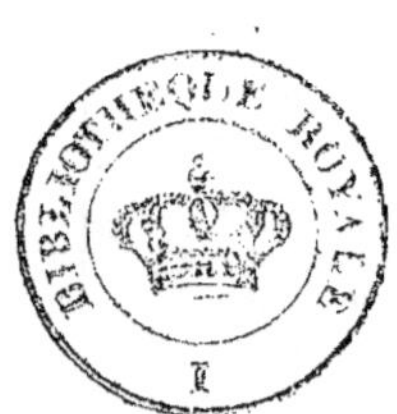

Imprimerie de Mme DE LACOMBE, rue d'Enghien, n. 12.

PIÈCES DU RÉPERTOIRE DRAMATIQUE EN VENTE.

Le Toréador, coméd. en trois actes. 60
Miss Kelly, comédie en un acte. 30
Le Cheval de Créqui, comédie. 40
Breteuil, comédie mêlée de vaudev. 30
Un Neveu, s'il vous plaît, folie-vaud. 30
La Grisette et l'Héritière, comédie. 60
La Belle Limonadière, coméd.-vau. 30
Les Avoués en vacances, vaudeville. 50
Au bout du monde, coméd.-vaud. 30
Les Trois Muletiers, mélodrame. 50
Fragoletta, comédie-vaudeville. 50
Le Lion du désert, en trois actes. 40
Ma Bête noire, vaudev. en un acte. 30
L'Amour d'un ouvrier, drame. 40
La Bigame, drame en trois actes. 60
Le Prince d'un jour, vaudev. un acte. 30
Les Premières armes de Richelieu,
  comédie en trois actes. 50
La Folle de Waterloo, drame. 30
Le Marchand de Bœufs, vaudeville. 40
Un Cas de conscience, comédie. 60
Giuseppo, drame en cinq actes. 40
Les Pêcheurs du Tréport, vaudev. 30
La Maupin, comédie en un acte. 30
Le Paradis de Mahomet, vaudeville. 30
Eva, drame lyrique. 60
Paul Darbois, drame en cinq actes. 50
Suzanne, opéra en quatre actes. 60
La Première ride, vaud. en un acte. 50
Les Maquignons, vaudeville. 40
Le Grand-Duc, proverbe. 30
L'An Quarante, revue en un acte. 30
La Famille Panferluche, vaudeville. 30
Mignonne, comédie en deux actes. 30
Je m'en moque comme de l'an 40. 30
Le Tremblement de terre de la
  Martinique, drame en cinq actes. 50
Les Troubles, revue en un acte. 20
Premier début de Darincourt. 30
L'Habit de carnaval, vaudeville. 30
La Maître à tous, comédie. 30
Trois Épiciers, vaudeville. 60
Un Souper tête-à-tête, comédie. 30
La main, comédie. 30
La Cardeuse de matelas. 30
Deux Filles de l'air, puff ou 2 actes. 30
L'Orangerie de Versailles, comédie. 40
Le Mari de la Fauvette, vaudeville. 50
La Fille du régiment, opéra-com. 50
Le Dernier Oncle d'Amérique, v. 20
Rosa Contarini, drame en 5 actes. 50
Le Chevalier de Saint-Georges.
Les Rosières du marquis de Lamarck.
Le Ringvard, drame. 50
L'Absence, drame. 40
Carline, opéra-comique trois actes. 50
Vision du Tasse, scène en vers. 20
Les Pages de Louis XII, comédie. 50
Attendre et Courir, vaudeville. 30

Delphine, drame-vaudeville, 2 ac. 30
Indiana et Charlemagne, vaudeville. 30
Le Dompteur de bêtes féroces. 30
Francesco Manuel, drame. 40
Les Parents d'une danseuse, vaudev. 20
La ferme de Montainvil, pièce milit. 40
Une femme sur les bras, vaudeville. 30
L'Enfant de la Pitié, drame. 40
La Grand'Mère, comédie, trois act. 50
Sous une porte cochère, folie-vaud. 30
À la vie, à la mort, vaudeville. 30
La Mère Godichon, vaudeville. 30
Les Trois cousines, vaudeville. 30
L'Homme heureux, 30
Un jeune cuisinier, drame. 40
Demse, drame.
Macgran, pièce militaire.
Un bal aux Vendanges de Bourgogne. 30
Une Femme charmante, comédie. 30
La Dame en second, vaudeville. 30
Louisette, vaudeville. 30
Une Révolution d'autrefois, tragédie. 30
La Ménagère de Marly, comédie. 30
Les Enfans d'Adam et d'Ève. 30
Misère et Génie, drame.
Un Service d'ami, vaudeville.
La Perruche, opéra-comique.
Les Matlochons, comédie.
L'Élève de Presbourg, opéra-comiq.
L'École du monde, comédie.
L'Ange, drame en cinq actes.
La Marchande à la toilette, comédie. 40
Zerline, opéra-comique, en 3 actes. 60
Le nouveau Bélisaire, vaudeville.
Les Garçons de recette, drame.
L'Autre, vaudeville.
La Guerre de l'Indépendance, drame. 30
Jean Bart, vaudeville.
Marcellin, comédie-vaudeville. 20
Iphigénie, comédie-vaudeville.
Jarvis, drame.
Dinah l'égyptienne, drame. 50
Rifolard, vaudeville. 30
La Servante du curé, vaudeville. 30
Les Faveurs, vaudeville.
La Calomnie, comédie.
Cyprien le Vendu, vaudeville. 30
Les Mystère d'Udolphe, vaud.
L'Honneur d'une femme, dra.
Le Cent-Suisse, opéra-comiq. 20
La Grisette romantique, vaud. 50
La Croix d'or.
La Journée aux éventails, comédie.
Mon Gendre, vaudeville. 40
L'Opéra à la cour, opéra. 50
Japhet, comédie. 20
Bob, comédie.
La mort de Gilbert, drame. 30

Eudoxie, comédie. 30
Les Caprices, vaudeville. 30
Montbailly, drame. 30
La Grisette au vert, vaudeville. 40
Le Chevalier de Kerkaradec. 40
Grisette de Bordeaux, vaudeville. 30
Matelots et Matelottes, vaudeville. 30
Mégani, comédie. 40
La Fille de Jacqueline, comédie. 40
L'Automate de Vaucauson, opéra-c. 30
L'Enfant prodigue, comédie-vaud. 50
Le Mari de la Reine, comédie-vaud. 30
Le Chevalier du Guet, comédie. 30
Treize à table, vaud. 30
Le Mirliton, féerie. 40
Rosita, comédie-vaudeville. 30
Toby le Sorcier, comédie-vaud. 40
Trimson, comédie. 30
La Porte secrète, drame. 30
Juliette, comédie. 30
Reine Jeanne, opéra-comique. 30
Souvenirs et regrets. 30
Flagrant délit. 50
L'Amour en commandite. 30
Brigand et Philosophe, drame. 30
Comte de Mansfeld, drame. 40
Une Guêpe, revue. 30
Le bandit, mélodrame. 30
Charlot, comédie. 30
80 moins un, vaudeville. 30
Si nos femmes savaient, comédie. 30
Le Tailleur de la Cité, comédie. 40
Mme de Croustignac, vaudeville.
Paulino, drame. 50
Montanier, vaudeville. 50
Madame Camus et sa demoiselle. 30
Les Bombes. 30
En pénitence. 30
Tyran d'une femme. 50
Maître d'école. 30
Trois hommes. 50
Le Pendu. 40
Un second mari. 50
La Mère et l'Enfant se portent bien. 50
Le Conscrit de l'an 8. 60
Les Deux Serruriers, drame. 60
Mlle Salé, comédie. 50
Trois Étoiles. 40
Lucrèce, comédie. 30
Un grand Criminel, vaud. 30
Les Amours de Psyché, pièce fant. 50
Les Débutantes, com. 40
Le Père Turlupin, comédie.
Les Damnés de la Couronne, o.-c. 50
Carmagnola, opéra. 60
Un Monstre de Femme, vaud. 40
La Main de Fer, opéra-com. 60
Endymion, vaud. 40

Une Chasse, comédie. 50
Le Novice, com.-vaud. 30
Job et Jésu, vaud. 50
Zirine, com.-vaud. 50
Les Secondes Noces, com.-vaud. 80
La Jeunesse de Charles-Quint, op.-c. 60
Une Chaîne, comédie. 60
Le vicomte de Letorière, com.-v. 50
Les Fers de Paris, com.-vaud. 50
Les Blancs-Becs, com.-vaud. 30
Jeannic-le-Breton, drame. 60
Pour mon Fils, com.-vaud. 30
1841 et 1941, revue. 50
Les Chevau-Légers, com.-vaud. 50
Le sire de Baudricourt, com.-vaud. 40
Le diable à l'école, op.-com. 40
Lucienne, com.-vaud. 50
Les Jolies filles de Sulberg. 40
L'enfant de chœur, vaud. 40
Le Grand-Palatin, com.-vaud. 60
La Tante mal gardée, vaud. 40
Les Maçons, tab. popu. 40
Le duc d'Olonne, op.-com. 60
Griogalet, com.-parade. 50
Les Circonstances, com.-vaud. 40
Cédric, drame féérique. 60
Les Mémoires du diable, vaud. 60
Mon Parrain de Pontoise, com.-v. 40
La Chasse aux vautours, com. 40
Les Batignolaises, vaud.-griv. 40
Carabins et Carabines, vaud. 40
Les Aides de camp, com.-vaud. 60
Une Femme sous les scellés. 40

En vente : Les 4 premiers volumes du RÉPERTOIRE DRAMATIQUE, formant la collection de l'année 1840. Ils sont ornés de portraits des principaux auteurs et acteurs. Prix : 6 fr. le volume.

PIÈCES EN VENTE DE LA MOSAÏQUE.

Une Chambre de Savoyards. 50
L'Homme qui tue sa femme. 30
Le Garçon pêcheur. 40
La descente de la Courtille. 30
La paix de la guerre. 30
Hassan, drame. 40
Torrino le savetier, drame. 40
La Mère Saint-Martin, prologue. 30
Le Retour de Saint-Hélène, à-prop. 20

Les vieilles amours. 20
C'est ma chambre. 40
Un premier ténor. 40
Le docteur de Saint-Brice, drame. 30
Les Invalides, vaudeville. 30
L'Habit fait le moine. 40
Un jeu de dominos. 30
L'Esclave. 30
Marsin, comédie. 30

Le Lierre et l'Ormeau. 30
Dernier vœu de l'Empereur. 30
Premières et dernières amours. 40
La belle Tourneuse. 50
Le Boulevart du crime. 30
Adèle la Bohémienne. 40
Le Bourreau des crânes. 30
Les Bains à quatre sous. 30
Mariette, com.-vaud. 30

Le Piège à loup. 40
Les Grisettes en Afrique. 40
Le Début de Cartouche, com.-v. 40
L'abbesse de Chantilly, vaud. 40
Benoît, drame. 50
Une Laure, vaudeville. 40
Une Leçon d'actrice, comédie. 40
Les Noces de Jeannine, &c. vaud. 40
Un Secret de femme, dra.-vaud. 40

En vente, à la même adresse : L'ABEILLE, in-8°, 60 c. — LA MARQUISE DE SENNETERRE, in-8°, 1 fr.

NOUVELLES A LA MAIN

Un Volume in-32 Jésus, paraissant les 15 et 30 de chaque mois.

Prix {
  Pour Paris . . . . . 1 fr. le volume ; 24 volumes, 20 fr.
  Pour la Province . . . 1 fr. 15 le volume ; 24 volumes, 22 fr. 50.

Les personnes qui souscriront à l'avance pour 24 Volumes, ou une année entière, recevront l'ouvrage franco à leur domicile, soit à Paris, soit dans les départemens. — (ÉCRIRE FRANCO.)